INHALT

»Im Anfang war die Nachtigall
Und sang das Wort: Züküht! Züküht!
Und wie sie sang, sproß überall
Grüngras, Violen, Apfelblüt.

Sie biß sich in die Brust, da floß
Ihr rotes Blut, und aus dem Blut
Ein schöner Rosenbaum entsproß;
Dem singt sie ihre Liebesglut.

Uns Vögel all in diesem Wald
Versöhnt das Blut aus jener Wund;
Doch wenn das Rosenlied verhallt
Geht auch der ganze Wald zu Grund.«

So spricht zu seinen Spätzelein
Im Eichennest der alte Spatz;
Die Spätzin piepet manchmal drein,
Sie hockt auf ihrem Ehrenplatz.

Sie ist ein häuslich gutes Weib
Und brütet brav und schmollet nicht;
Der Alte gibt zum Zeitvertreib
Den Kindern Glaubensunterricht.

Der weite Boden ist überzogen
Mit Blumendecken, der grüne Wald,
Er wölbt sich hoch zu Siegesbogen,
Gefiederte Einzugmusik erschallt.

Es kommt der schöne Lenz geritten,
Sein Auge sprüht, die Wange glüht!
Ihr solltet ihn zur Hochzeit bitten,
Denn gerne weilt er wo Liebe blüht.

Es kommt der Lenz mit dem Hochzeitgeschenk,
Mit Jubel und Musizieren,
Das Bräutchen und den Bräutigam
Kommt er zu gratulieren.

Er bringt Jasmin und Röselein,
Und Veilchen und duftige Kräutchen,
Und Sellerie für den Bräutigam,
Und Spargel für das Bräutchen.

Ein Fichtenbaum steht einsam
Im Norden auf kahler Höh.
Ihn schläfert; mit weißer Decke
Umhüllen ihn Eis und Schnee.

Er träumt von einer Palme,
Die, fern im Morgenland,
Einsam und schweigend trauert
Auf brennender Felsenwand.

Die Lotosblume ängstigt
Sich vor der Sonne Pracht,
Und mit gesenktem Haupte
Erwartet sie träumend die Nacht.

Der Mond, der ist ihr Buhle,
Er weckt sie mit seinem Licht,
Und ihm entschleiert sie freundlich
Ihr frommes Blumengesicht.

Sie blüht und glüht und leuchtet,
Und starret stumm in die Höh;
Sie duftet und weinet und zittert
Vor Liebe und Liebesweh.

Die schlanke Wasserlilje
Schaut träumend empor aus dem See;
Da grüßt der Mond herunter
Mit lichtem Liebesweh.

Verschämt senkt sie das Köpfchen
Wieder hinab zu den Welln –
Da sieht sie zu ihren Füßen
Den armen blassen Geselln.

Im wunderschönen Monat Mai,
Als alle Knospen sprangen,
Da ist in meinem Herzen
Die Liebe aufgegangen.

Im wunderschönen Monat Mai,
Als alle Vögel sangen,
Da hab ich ihr gestanden
Mein Sehnen und Verlangen.

Am leuchtenden Sommermorgen
Geh ich im Garten herum.
Es flüstern und sprechen die Blumen,
Ich aber ich wandle stumm.

Es flüstern und sprechen die Blumen,
Und schaun mitleidig mich an:
Sei unserer Schwester nicht böse,
Du trauriger, blasser Mann.

Ich lieb eine Blume, doch weiß ich nicht welche;
Das macht mir Schmerz.
Ich schau in alle Blumenkelche,
Und such ein Herz.

Es duften die Blumen im Abendscheine,
Die Nachtigall schlägt.
Ich such ein Herz so schön wie das meine,
So schön bewegt.

Die Nachtigall schlägt, und ich verstehe
Den süßen Gesang;
Uns beiden ist so bang und wehe,
So weh und bang.

Die blauen Frühlingsaugen
Schaun aus dem Gras hervor;
Das sind die lieben Veilchen,
Die ich zum Strauß erkor.

Ich pflücke sie und denke,
Und die Gedanken all,
Die mir im Herzen seufzen,
Singt laut die Nachtigall.

Ja, was ich denke, singt sie
Lautschmetternd, daß es schallt;
Mein zärtliches Geheimnis
Weiß schon der ganze Wald.

Der Schmetterling ist in die Rose verliebt,
Umflattert sie tausendmal,
Ihn selber aber goldig zart,
Umflattert der liebende Sonnenstrahl.

Jedoch, in wen ist die Rose verliebt?
Das wüßt ich gar zu gern.
Ist es die singende Nachtigall?
Ist es der schweigende Abendstern?

Ich weiß nicht, in wen die Rose verliebt;
Ich aber lieb euch all:
Rose, Schmetterling, Sonnenstrahl,
Abendstern und Nachtigall.

Ja, Freund, hier unter den Linden
Kannst du dein Herz erbaun,
Hier kannst du beisammen finden
Die allerschönsten Fraun.

Sie blühn so hold und minnig
Im farbigen Seidengewand;
Ein Dichter hat sie sinnig:
Wandelnde Blumen genannt.

Welch schöne Federhüte!
Welch schöne Türkenschals!
Welch schöne Wangenblüte!
Welch schöner Schwanenhals!

Allnächtlich im Traume seh ich dich,
Und sehe dich freundlich grüßen,
Und lautaufweinend stürz ich mich
Zu deinen süßen Füßen.

Du siehst mich an wehmütiglich,
Und schüttelst das blonde Köpfchen;
Aus deinen Augen schleichen sich
Die Perlentränentröpfchen.

Du sagst mir heimlich ein leises Wort,
Und gibst mir den Strauß von Zypressen.
Ich wache auf, und der Strauß ist fort,
Und das Wort hab ich vergessen.

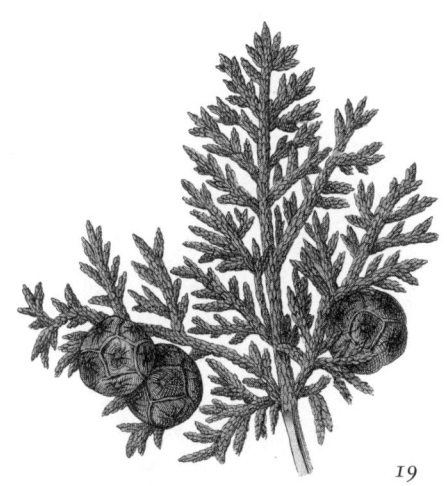

Was treibt dich umher, in der Frühlingsnacht?
Du hast die Blumen toll gemacht,
Die Veilchen, sie sind erschrocken!
Die Rosen, sie sind vor Scham so rot,
Die Liljen, sie sind so blaß wie der Tod,
Sie klagen und zagen und stocken!

O, lieber Mond, welch frommes Geschlecht
Sind doch die Blumen! Sie haben Recht,
Ich habe Schlimmes verbrochen!
Doch konnt ich wissen, daß sie gelauscht,
Als ich von glühender Liebe berauscht,
Mit den Sternen droben gesprochen?

Die Liebe begann im Monat März,
Wo mir erkrankte Sinn und Herz.
Doch als der Mai, der grüne, kam,
Ein Ende all mein Trauern nahm.

Es war am Nachmittag um drei,
Wohl auf der Moosbank der Einsiedelei
Die hinter der Linde liegt versteckt,
Da hab ich ihr mein Herz entdeckt.

Die Blumen dufteten. Im Baum
Die Nachtigall sang, doch hörten wir kaum
Ein einziges Wort von ihrem Gesinge –
Wir hatten zu reden viel wichtige Dinge.

Wir schwuren uns Treue bis in den Tod.
Die Stunden schwanden, das Abendrot
Erlosch. Doch saßen wir lange Zeit
Und weinten in der Dunkelheit.

Auf Flügeln des Gesanges,
Herzliebchen, trag ich dich fort,
Fort nach den Fluren des Ganges,
Dort weiß ich den schönsten Ort.

Dort liegt ein rotblühender Garten
Im stillen Mondenschein;
Die Lotosblumen erwarten
Ihr trautes Schwesterlein.

Die Veilchen kichern und kosen,
Und schaun nach den Sternen empor;
Heimlich erzählen die Rosen
Sich duftende Märchen ins Ohr.

Es hüpfen herbei und lauschen
Die frommen, klugen Gazelln;
Und in der Ferne rauschen
Des heiligen Stromes Welln.

Dort wollen wir niedersinken
Unter dem Palmenbaum,
Und Liebe und Ruhe trinken,
Und träumen seligen Traum.

Die Rose, die Lilje, die Taube, die Sonne,
Die liebt ich einst alle in Liebeswonne.
Ich lieb sie nicht mehr, ich liebe alleine
Die Kleine, die Feine, die Reine, die Eine;
Sie selber, aller Liebe Bronne,
Ist Rose und Lilje und Taube und Sonne.

Leise zieht durch mein Gemüt
Liebliches Geläute.
Klinge, kleines Frühlingslied,
Kling hinaus ins Weite.

Kling hinaus, bis an das Haus,
Wo die Blumen sprießen.
Wenn du eine Rose schaust,
Sag ich laß sie grüßen.

Aus meinen Tränen sprießen
Viel blühende Blumen hervor,
Und meine Seufzer werden
Ein Nachtigallenchor.

Und wenn du mich lieb hast, Kindchen,
Schenk ich dir die Blumen all,
Und vor deinem Fenster soll klingen
Das Lied der Nachtigall.

Es haben unsre Herzen
Geschlossen die heilge Allianz;
Sie lagen fest an einander,
Und sie verstanden sich ganz.

Ach, nur die junge Rose,
Die deine Brust geschmückt,
Die arme Bundesgenossin,
Sie wurde fast zerdrückt.

Es drängt die Not, es läuten die Glocken,
Und ach! ich hab den Kopf verloren!
Der Frühling und zwei schöne Augen,
Sie haben sich wider mein Herz verschworen.

Der Frühling und zwei schöne Augen
Verlocken mein Herz in neue Betörung!
Ich glaube die Rosen und Nachtigallen
Sind tief verwickelt in dieser Verschwörung.

Ein jeder hat zu diesem Feste
Sein liebes Liebchen mitgebracht,
Und freut sich der blühenden Sommernacht; –
Ich wandle allein, mir fehlt das Beste.

Ich wandle allein gleich einem Kranken!
Ich fliehe die Lust, ich fliehe den Tanz
Und die schöne Musik und den Lampenglanz; –
In England sind meine Gedanken.

Ich breche Rosen, ich breche Nelken,
Zerstreuten Sinnes und kummervoll;
Ich weiß nicht wem ich sie geben soll; –
Mein Herz und die Blumen verwelken.

Jegliche Gestalt bekleidend,
Bin ich stets in deiner Nähe.
Aber immer bin ich leidend,
Und du tust mir immer wehe.

Wenn du, zwischen Blumenbeeten
Wandelnd in des Sommers Tagen,
Einen Schmetterling zertreten –
Hörst du mich nicht leise klagen?

Wenn du eine Rose pflückest,
Und mit kindischem Behagen
Sie entblätterst und zerstückest –
Hörst du mich nicht leise klagen?

Wenn bei solchem Rosenbrechen
Böse Dornen einmal wagen
In die Finger dich zu stechen –
Hörst du mich nicht leise klagen?

Hörst du nicht die Klagetöne
Selbst im Ton der eignen Kehle?
In der Nacht seufz ich und stöhne
Aus der Tiefe deiner Seele.

MINNEKLAGE

Einsam klag ich meine Leiden,
Im vertrauten Schoß der Nacht;
Frohe Menschen muß ich meiden,
Fliehen scheu wo Freude lacht.

Einsam fließen meine Tränen,
Fließen immer, fließen still;
Doch des Herzens brennend Sehnen
Keine Träne löschen will.

Einst ein lachend muntrer Knabe
Spielt ich manches schöne Spiel,
Freute mich der Lebensgabe,
Wußte nie von Schmerzgefühl.

Denn die Welt war nur ein Garten,
Wo viel bunte Blumen blühn,
Wo mein Tagwerk Blumenwarten,
Rosen, Veilchen und Jasmin.

Träumend süß auf grüner Aue
Sah ich Bächlein fließen mild;
Wenn ich jetzt in Bächlein schaue,
Zeigt sich mir ein bleiches Bild.

Bin ein bleicher Mann geworden,
Seit mein Auge *sie* gesehn;
Heimlich weh ist mir geworden,
Wundersam ist mir geschehn.

Tief im Herzen hegt ich lange
Englein stiller Friedensruh;
Diese flohen zitternd, bange,
Ihrer Sternenheimat zu.

Schwarze Nacht mein Aug umdüstert,
Schatten drohen feindlich grimm;
Und im Busen heimlich flüstert
Eine eigen fremde Stimm.

―――――

Fremde Schmerzen, fremde Leiden
Steigen auf mit wilder Wut,
Und in meinen Eingeweiden
Zehret eine fremde Glut.

Aber daß in meinem Herzen
Flammen wühlen sonder Ruh,
Daß ich sterbe hin vor Schmerzen –
Minne, sieh! das tatest du!

Wie die Nelken duftig atmen!
Wie die Sterne, ein Gewimmel
Goldner Bienen, ängstlich schimmern
An dem veilchenblauen Himmel!

Aus dem Dunkel der Kastanien
Glänzt das Landhaus, weiß und lüstern,
Und ich hör die Glastür klirren
Und die liebe Stimme flüstern.

Holdes Zittern, süßes Beben,
Furchtsam zärtliches Umschlingen –
Und die jungen Rosen lauschen,
Und die Nachtigallen singen.

DONNA CLARA

In dem abendlichen Garten
Wandelt des Alcaden Tochter;
Pauken- und Trommetenjubel
Klingt herunter von dem Schlosse.

»Lästig werden mir die Tänze
Und die süßen Schmeichelworte,
Und die Ritter, die so zierlich
Mich vergleichen mit der Sonne.

Überlästig wird mir alles,
Seit ich sah, beim Strahl des Mondes,
Jenen Ritter, dessen Laute
Nächtens mich ans Fenster lockte.

Wie er stand so schlank und mutig,
Und die Augen leuchtend schossen
Aus dem edelblassen Antlitz,
Glich er wahrlich Sankt Georgen.«

Also dachte Donna Clara,
Und sie schaute auf den Boden;
Wie sie aufblickt, steht der schöne,
Unbekannte Ritter vor ihr.

Händedrückend, liebeflüsternd
Wandeln sie umher im Mondschein,
Und der Zephir schmeichelt freundlich,
Märchenartig grüßen Rosen.

Märchenartig grüßen Rosen,
Und sie glühn wie Liebesboten. –
Aber sage mir, Geliebte,
Warum du so plötzlich rot wirst?

»Mücken stachen mich, Geliebter,
Und die Mücken sind, im Sommer,
Mir so tief verhaßt, als wärens
Langenasge Judenrotten.«

Laß die Mücken und die Juden,
Spricht der Ritter, freundlich kosend.
Von den Mandelbäumen fallen
Tausend weiße Blütenflocken.

Tausend weiße Blütenflocken
Haben ihren Duft ergossen. –
Aber sage mir, Geliebte,
Ist dein Herz mir ganz gewogen?

»Ja, ich liebe dich, Geliebter,
Bei dem Heiland sei's geschworen,
Den die gottverfluchten Juden
Boshaft tückisch einst ermordet.«

Laß den Heiland und die Juden,
Spricht der Ritter, freundlich kosend.
In der Ferne schwanken traumhaft
Weiße Liljen, lichtumflossen.

Weiße Liljen, lichtumflossen,
Blicken nach den Sternen droben. –
Aber sage mir, Geliebte,
Hast du auch nicht falsch geschworen?

»Falsch ist nicht in mir, Geliebter,
Wie in meiner Brust kein Tropfen
Blut ist von dem Blut der Mohren
Und des schmutzgen Judenvolkes.«

Laß die Mohren und die Juden,
Spricht der Ritter, freundlich kosend;
Und nach einer Myrtenlaube
Führt er die Alcadentochter.

Mit den weichen Liebesnetzen
Hat er heimlich sie umflochten;
Kurze Worte, lange Küsse,
Und die Herzen überflossen.

Wie ein schmelzend süßes Brautlied
Singt die Nachtigall, die holde;
Wie zum Fackeltanze hüpfen
Feuerwürmchen auf dem Boden.

In der Laube wird es stiller,
Und man hört nur, wie verstohlen,
Das Geflüster kluger Myrten
Und der Blumen Atemholen.

Aber Pauken und Trommeten
Schallen plötzlich aus dem Schlosse,
Und erwachend hat sich Clara
Aus des Ritters Arm gezogen.

»Horch! da ruft es mich, Geliebter,
Doch, bevor wir scheiden, sollst du
Nennen deinen lieben Namen,
Den du mir so lang verborgen.«

Und der Ritter, heiter lächelnd,
Küßt die Finger seiner Donna,
Küßt die Lippen und die Stirne,
Und er spricht zuletzt die Worte:

Ich, Sennora, Eur Geliebter,
Bin der Sohn des vielbelobten,
Großen, schriftgelehrten Rabbi
Israel von Saragossa.

Ich wollte meine Lieder
Das wären Blümelein,
Ich schickte sie zum Riechen
Der Herzallerliebsten mein.

Ich wollte meine Lieder,
Das wären Küsse fein,
Ich schickt sie heimlich alle
Nach Liebchens Wängelein.

Ich wollte meine Lieder
Das wären Erbsen klein,
Ich kocht eine Erbsensuppe,
Die sollte köstlich sein.

Es blasen die blauen Husaren,
Und reiten zum Tor hinaus;
Da komm ich, Geliebte, und bringe
Dir einen Rosenstrauß.

Das war eine wilde Wirtschaft!
Kriegsvolk und Landesplag!
Sogar in deinem Herzchen
Viel Einquartierung lag.

Morgens send ich dir die Veilchen,
Die ich früh im Wald gefunden,
Und des Abends bring ich Rosen,
Die ich brach in Dämmrungstunden.

Weißt du was die hübschen Blumen
Dir Verblümtes sagen möchten?
Treu sein sollst du mir am Tage
Und mich lieben in den Nächten.

In meinen Tagesträumen,
In meinem nächtlichen Wachen,
Stets klingt mir in der Seele
Dein allerliebstes Lachen.

Denkst du noch Montmorencys,
Wie du auf dem Esel rittest
Und von dem hohen Sattel
Hinab in die Disteln glittest?

Der Esel blieb ruhig stehen,
Fing an die Disteln zu fressen –
Dein allerliebstes Lachen
Werde ich nie vergessen.

Ich will meine Seele tauchen
In den Kelch der Lilje hinein;
Die Lilje soll klingend hauchen
Ein Lied von der Liebsten mein.

Das Lied soll schauern und beben,
Wie der Kuß von ihrem Mund,
Den sie mir einst gegeben
In wunderbar süßer Stund.

Wie die Tage macht der Frühling
Auch die Nächte mir erklingen;
Als ein grünes Echo kann er
Bis in meine Träume dringen.

Nur noch märchensüßer flöten
Dann die Vögel, durch die Lüfte
Weht es sanfter, sehnsuchtwilder
Steigen auf die Veilchendüfte.

Auch die Rosen blühen röter,
Eine kindlich güldne Glorie
Tragen sie, wie Engelköpfchen
Auf Gemälden der Historie –

Und mir selbst ist dann, als würd ich
Eine Nachtigall und sänge
Diesen Rosen meine Liebe,
Träumend sing ich Wunderklänge –

Bis mich weckt das Licht der Sonne,
Oder auch das holde Lärmen
Jener andren Nachtigallen,
Die vor meinem Fenster schwärmen.

Du Lilje meiner Liebe,
Du stehst so träumend am Bach,
Und schaust hinein so trübe,
Und flüsterst Weh und Ach!

Geh fort mit deinem Gekose!
Ich weiß es, du falscher Mann,
Daß meine Cousine, die Rose,
Dein falsches Herz gewann.

Es hat die warme Frühlingsnacht
Die Blumen hervorgetrieben,
Und nimmt mein Herz sich nicht in Acht,
So wird es sich wieder verlieben.

Doch welche von den Blumen alln
Wird mir das Herz umgarnen?
Es wollen die singenden Nachtigalln
Mich vor der Lilje warnen.

Wir wollen jetzt Frieden machen
Ihr lieben Blümelein
Wir wollen schwatzen und lachen
Und wollen uns wieder freun.

Du weißes Maienglöckchen,
Du Rose mit rotem Gesicht,
Du Nelke mit bunten Fleckchen,
Du blaues Vergißmeinnicht!

Kommt her, ihr Blumen, jede
Soll mir willkommen sein,
Nur mit der schlimmen Resede
Laß ich mich nicht mehr ein.

Was bedeuten gelbe Rosen?
Liebe die mit Ärger kämpft,
Ärger der die Liebe dämpft
Lieben und sich dabei erbosen.

Die Rose duftet – doch ob sie empfindet
Das was sie duftet, ob die Nachtigall
Selbst fühlt, was sich durch unsre Seele windet,
Bei ihres Liedes süßem Widerhall; –

Ich weiß es nicht. Doch macht uns gar verdrießlich
Die Wahrheit oft! Und Ros und Nachtigall,
Erlögen sie auch das Gefühl, ersprießlich
Wär solche Lüge, wie in manchem Fall –.

»Mondscheintrunkne Lindenblüten,
Sie ergießen ihre Düfte,
Und von Nachtigallenliedern
Sind erfüllet Laub und Lüfte.

Lieblich läßt es sich, Geliebter,
Unter dieser Linde sitzen,
Wenn die goldnen Mondeslichter
Durch des Baumes Blätter blitzen.

Sieh dies Lindenblatt! du wirst es
Wie ein Herz gestaltet finden;
Darum sitzen die Verliebten
Auch am liebsten unter Linden.

Doch du lächelst, wie verloren
In entfernten Sehnsuchtträumen –
Sprich, Geliebter, welche Wünsche
Dir im lieben Herzen keimen?«

Ach, ich will es dir, Geliebte,
Gern bekennen, ach, ich möchte,
Daß ein kalter Nordwind plötzlich
Weißes Schneegestöber brächte;

Und daß wir, mit Pelz bedecket
Und im buntgeschmückten Schlitten,
Schellenklingelnd, peitschenknallend,
Über Fluß und Fluren glitten.

Ich hatte einst ein schönes Vaterland.
Der Eichenbaum
Wuchs dort so hoch, die Veilchen nickten sanft.
Es war ein Traum.

Das küßte mich auf deutsch, und sprach auf deutsch
(Man glaubt es kaum
Wie gut es klang) das Wort: »ich liebe dich!«
Es war ein Traum.

Warum sind denn die Rosen so blaß,
O sprich, mein Lieb, warum?
Warum sind denn im grünen Gras
Die blauen Veilchen so stumm?

Warum singt denn mit so kläglichem Laut
Die Lerche in der Luft?
Warum steigt denn aus dem Balsamkraut
Hervor ein Leichenduft?

Warum scheint denn die Sonn auf die Au
So kalt und verdrießlich herab?
Warum ist denn die Erde so grau
Und öde wie ein Grab?

Warum bin ich selbst so krank und so trüb,
Mein liebes Liebchen, sprich?
O sprich, mein herzallerliebstes Lieb,
Warum verließest du mich?

Die blauen Veilchen der Äugelein,
Die roten Rosen der Wängelein,
Die weißen Liljen der Händchen klein,
Die blühen und blühen noch immerfort,
Und nur das Herzchen ist verdorrt.

In meiner Erinnrung erblühen
Die Bilder, die längst verwittert –
Was ist in deiner Stimme,
Das mich so tief erschüttert?

Sag nicht, daß du mich liebst!
Ich weiß, das Schönste auf Erden,
Der Frühling und die Liebe,
Es muß zu Schanden werden.

Sag nicht, daß du mich liebst!
Und küsse nur und schweige,
Und lächle, wenn ich dir morgen
Die welken Rosen zeige.

ENTARTUNG

Hat die Natur sich auch verschlechtert,
Und nimmt sie Menschenfehler an?
Mich dünkt die Pflanzen und die Tiere,
Sie lügen jetzt wie jedermann.

Ich glaub nicht an der Lilje Keuschheit,
Es buhlt mit ihr der bunte Geck,
Der Schmetterling; der küßt und flattert
Am End mit ihrer Unschuld weg.

Von der Bescheidenheit der Veilchen
Halt ich nicht viel. Die kleine Blum,
Mit den koketten Düften lockt sie,
Und heimlich dürstet sie nach Ruhm.

Ich zweifle auch, ob sie empfindet,
Die Nachtigall, das was sie singt;
Sie übertreibt und schluchzt und trillert
Nur aus Routine, wie mich dünkt.

Die Wahrheit schwindet von der Erde,
Auch mit der Treu ist es vorbei.
Die Hunde wedeln noch und stinken
Wie sonst, doch sind sie nicht mehr treu.

Der Frühling schien schon an dem Tor
Mich freundlich zu erwarten.
Die ganze Gegend steht im Flor
Als wie ein Blumengarten.

Die Liebste sitzt an meiner Seit
Im rasch hinrollenden Wagen;
Sie schaut mich an voll Zärtlichkeit,
Ihr Herz, das fühl ich schlagen.

Das trillert und duftet so sonnenvergnügt!
Das blinkt im grünen Geschmeide!
Sein weißes Blütenköpfchen wiegt
Der junge Baum mit Freude.

Die Blumen schaun aus der Erd hervor,
Betrachten, neugierigen Blickes,
Das schöne Weib, das ich erkor,
Und mich, den Mann des Glückes.

Vergängliches Glück! Schon morgen klirrt
Die Sichel über den Saaten,
Der holde Frühling verwelken wird,
Das Weib wird mich verraten.

Einst sah ich viele Blumen blühen
An meinem Weg; jedoch zu faul,
Mich pflückend nieder zu bemühen,
Ritt ich vorbei auf stolzem Gaul.

Jetzt, wo ich todessiech und elend,
Jetzt, wo geschaufelt schon die Gruft,
Oft im Gedächtnis höhnend, quälend,
Spukt der verschmähten Blumen Duft.

Besonders eine feuergelbe
Viole brennt mir stets im Hirn.
Wie reut es mich, daß ich dieselbe
Nicht einst genoß, die tolle Dirn.

Mein Trost ist: Lethes Wasser haben
Noch jetzt verloren nicht die Macht,
Das dumme Menschenherz zu laben
Mit des Vergessens süßer Nacht.

Du warst ein blondes Jungfräulein, so artig,
So niedlich und so kühl – vergebens harrt ich
Der Stunde, wo dein Herz sich erschlösse
Und sich daraus Begeisterung ergösse –

Begeisterung für jene hohen Dinge,
Die zwar Verstand und Prosa achten gringe,
Für die jedoch die Edlen, Schönen, Guten
Auf dieser Erde schwärmen, leiden, bluten.

Am Strand des Rheins, wo Rebenhügel ragen,
Ergingen wir uns einst in Sommertagen.
Die Sonne lachte; aus den liebevollen
Kelchen der Blumen Wohlgerüche quollen.

Die Purpurnelken und die Rosen sandten
Uns rote Küsse, die wie Flammen brannten.
Im kümmerlichsten Gänseblümchen schien
Ein ideales Leben aufzublühn.

Du aber gingest ruhig neben mir,
Im weißen Atlaskleid, voll Zucht und Zier,
Als wie ein Mädchenbild gemalt von Netscher;
Ein Herzchen im Korsett wie 'n kleiner Gletscher.

ALTE ROSE

Eine Rosenknospe war
Sie für die mein Herze glühte;
Doch sie wuchs, und wunderbar
Schoß sie auf in voller Blüte.

Ward die schönste Ros im Land,
Und ich wollt die Rose brechen,
Doch sie wußte mich pikant
Mit den Dornen fortzustechen.

Jetzt, wo sie verwelkt, zerfetzt
Und verklatscht von Wind und Regen –
Liebster Heinrich bin ich jetzt,
Liebend kommt sie mir entgegen.

Heinrich hinten, Heinrich vorn,
Klingt es jetzt mit süßen Tönen;
Sticht mich jetzt etwa ein Dorn,
Ist es an dem Kinn der Schönen.

Allzu hart die Borsten sind,
Die des Kinnes Wärzchen zieren –
Geh ins Kloster, liebes Kind,
Oder lasse dich rasieren.

UNVOLLKOMMENHEIT

Nichts ist vollkommen hier auf dieser Welt.
Der Rose ist der Stachel beigesellt;
Ich glaube gar, die lieben holden Engel
Im Himmel droben sind nicht ohne Mängel.

Der Tulpe fehlt der Duft. Es heißt am Rhein:
Auch Ehrlich stahl einmal ein Ferkelschwein.
Hätte Lucretia sich nicht erstochen,
Sie wär vielleicht gekommen in die Wochen.

Häßliche Füße hat der stolze Pfau.
Uns kann die amüsant geistreichste Frau
Manchmal langweilen wie die Henriade
Voltaires, sogar wie Klopstocks Messiade.

Die bravste, klügste Kuh kein Spanisch weiß,
Wie Maßmann kein Latein – Der Marmorsteiß
Der Venus von Canova ist zu glatte,
Wie Maßmanns Nase viel zu ärschig platte.

Im süßen Lied ist oft ein saurer Reim,
Wie Bienenstachel steckt im Honigseim.
Am Fuß verwundbar war der Sohn der Thetis,
Und Alexander Dumas ist ein Metis.

Der strahlenreinste Stern am Himmelzelt,
Wenn er den Schnupfen kriegt, herunterfällt.
Der beste Äpfelwein schmeckt nach der Tonne,
Und schwarze Flecken sieht man in der Sonne.

Du bist, verehrte Frau, du selbst sogar
Nicht fehlerfrei, nicht aller Mängel bar.
Du schaust mich an – du fragst mich was dir fehle?
Ein Busen, und im Busen eine Seele.

UNSTERN

Der Stern erstrahlte so munter,
Da fiel er vom Himmel herunter.
Du fragst mich, Kind, was Liebe ist?
Ein Stern in einem Haufen Mist.

Wie 'n räudiger Hund, der verrecket,
So liegt er mit Unrat bedecket.
Es kräht der Hahn, die Sau sie grunzt,
Im Kote wälzt sich ihre Brunst.

O, fiel ich doch in den Garten,
Wo die Blumen meiner harrten,
Wo ich mir oft gewünschet hab
Ein reinliches Sterben, ein duftiges Grab!

WIEDERSEHEN

Die Geißblattlaube – Ein Sommerabend –
Wir saßen wieder wie ehmals am Fenster –
Der Mond ging auf, belebend und labend –
Wir aber waren wie zwei Gespenster.

Zwölf Jahre schwanden, seitdem wir beisammen
Zum letztenmale hier gesessen;
Die zärtlichen Gluten, die großen Flammen,
Sie waren erloschen unterdessen.

Einsilbig saß ich. Die Plaudertasche,
Das Weib hingegen schürte beständig
Herum in der alten Liebesasche.
Jedoch kein Fünkchen ward wieder lebendig.

Und sie erzählte: wie sie die bösen
Gedanken bekämpft, eine lange Geschichte,
Wie wackelig schon ihre Tugend gewesen –
Ich machte dazu ein dummes Gesichte.

Als ich nach Hause ritt, da liefen
Die Bäume vorbei in der Mondenhelle,
Wie Geister. Wehmütige Stimmen riefen –
Doch ich und die Toten, wir ritten schnelle.

AFFRONTENBURG

Die Zeit verfließt, jedoch das Schloß,
Das alte Schloß mit Turm und Zinne
Und seinem blöden Menschenvolk,
Es kommt mir nimmer aus dem Sinne.

Ich sehe stets die Wetterfahn,
Die auf dem Dach sich rasselnd drehte.
Ein jeder blickte scheu hinauf,
Bevor er nur den Mund auftäte.

Wer sprechen wollt, erforschte erst
Den Wind, aus Furcht, es möchte plötzlich
Der alte Brummbär Boreas
Anschnauben ihn nicht sehr ergötzlich.

Die Klügsten freilich schwiegen ganz –
Denn ach, es gab an jenem Orte
Ein Echo, das im Wiederklatsch
Boshaft verfälschte alle Worte.

Inmitten im Schloßgarten stand
Ein sphinxgezierter Marmorbronnen,
Der immer trocken war, obgleich
Gar manche Träne dort geronnen.

Vermaledeiter Garten! Ach,
Da gab es nirgends eine Stätte,
Wo nicht mein Herz gekränket ward,
Wo nicht mein Aug geweinet hätte.

Da gabs wahrhaftig keinen Baum,
Worunter nicht Beleidigungen
Mir zugefüget worden sind
Von feinen und von groben Zungen.

Die Kröte, die im Gras gelauscht,
Hat alles mitgeteilt der Ratte,
Die ihrer Muhme Viper gleich
Erzählt, was sie vernommen hatte.

Die hats gesagt dem Schwager Frosch –
Und solcherweis erfahren konnte
Die ganze schmutzge Sippschaft stracks
Die mir erwiesenen Affronte.

Des Gartens Rosen waren schön,
Und lieblich lockten ihre Düfte;
Doch früh hinwelkend starben sie
An einem sonderbaren Gifte.

Zu Tod ist auch erkrankt seitdem
Die Nachtigall, der edle Sprosser,
Der jenen Rosen sang sein Lied; –
Ich glaub, vom selben Gift genoß er.

Vermaledeiter Garten! Ja,
Es war, als ob ein Fluch drauf laste;
Manchmal am hellen lichten Tag
Mich dort Gespensterfurcht erfaßte.

Mich grinste an der grüne Spuk,
Er schien mich grausam zu verhöhnen,
Und aus den Taxusbüschen drang
Alsbald ein Ächzen, Röcheln, Stöhnen.

Am Ende der Allee erhob
Sich die Terrasse, wo die Wellen
Der Nordsee, zu der Zeit der Flut,
Tief unten am Gestein zerschellen.

Dort schaut man weit hinaus ins Meer.
Dort stand ich oft in wilden Träumen.
Brandung war auch in meiner Brust –
Das war ein Tosen, Rasen, Schäumen –

Ein Schäumen, Rasen, Tosen wars,
Ohnmächtig gleichfalls wie die Wogen
Die kläglich brach der harte Fels,
Wie stolz sie auch herangezogen.

Mit Neid sah ich die Schiffe ziehn
Vorüber nach beglückten Landen –
Doch mich hielt das verdammte Schloß
Gefesselt in verfluchten Banden.

Gesanglos war ich und beklommen
So lange Zeit – nun dicht ich wieder!
Wie Tränen, die uns plötzlich kommen,
So kommen plötzlich auch die Lieder.

Melodisch kann ich wieder klagen
Von großem Lieben, größerm Leiden,
Von Herzen, die sich schlecht vertragen
Und dennoch brechen wenn sie scheiden.

Manchmal ist mir, als fühlt ich wehen
Über dem Haupt die deutschen Eichen –
Sie flüstern gar von Wiedersehen –
Das sind nur Träume – sie verbleichen.

Manchmal ist mir, als hört ich singen
Die alten, deutschen Nachtigallen –
Wie mich die Töne sanft umschlingen! –
Das sind nur Träume – sie verhallen.

Wo sind die Rosen, deren Liebe
Mich einst beglückt? – All ihre Blüte
Ist längst verwelkt! – Gespenstisch trübe
Spukt noch ihr Duft mir im Gemüte.

AUTO-DA-FÉ

Welke Veilchen, stäubge Locken,
Ein verblichen blaues Band,
Halb zerrissene Billette,
Längst vergeßner Herzenstand –

In die Flammen des Kamines
Werf ich sie verdroßnen Blicks;
Ängstlich knistern diese Trümmer
Meines Glücks und Mißgeschicks.

Liebeschwüre, flatterhafte
Falsche Eide, in den Schlot
Fliegen sie hinauf – es kichert
Unsichtbar der kleine Gott.

Bei den Flammen des Kamines
Sitz ich träumend, und ich seh
Wie die Fünkchen in der Asche
Still verglühn – Gut Nacht – Ade!

Den Strauß, den mir Mathilde band
Und lächelnd brachte, mit bittender Hand
Weis ich ihn ab – Nicht ohne Grauen
Kann ich die blühenden Blumen schauen.

Sie sagen mir, daß ich nicht mehr
Dem schönen Leben angehör,
Daß ich verfallen dem Totenreiche,
Ich arme unbegrabne Leiche.

Wenn ich die Blumen rieche, befällt
Mich heftiges Weinen – Von dieser Welt
Voll Schönheit und Sonne, voll Lust und Lieben,
Sind nur die Tränen mir geblieben.

Wie glücklich war ich wenn ich sah
Den Tanz der Ratten der Opera –
Jetzt hör ich schon das fatale Geschlürfe
Der Kirchhofsratten und Grab-Maulwürfe.

O Blumendüfte, ihr ruft empor
Ein ganzes Ballett, ein ganzes Chor
Von parfümierten Erinnerungen –
Das kommt auf einmal herangesprungen,

Mit Kastagnetten und Zimbelklang,
In flittrigen Röckchen, die nicht zu lang,
Doch all ihr Tändeln und Kichern und Lachen
Es kann mich nur noch verdrießlicher machen!

Fort mit den Blumen! Ich kann nicht ertragen
Die Düfte die von alten Tagen
Mir boshaft erzählt viel holde Schwänke –
Ich weine wenn ich derselben gedenke –

Wahrhaftig wir beide bilden
Ein kurioses Paar
Die Liebste ist schwach auf den Beinen
Der Liebhaber lahm sogar.

Sie ist ein leidendes Kätzchen
Und er ist krank wie ein Hund;
Ich glaube im Kopfe sind beide
Nicht sonderlich gesund.

Sie sei eine Lotosblume
Bildet die Liebste sich ein;
Doch er, der blasse Geselle,
Vermeint der Mond zu sein.

Vertraut sind ihre Seelen,
Doch jedem von beiden bleibt fremd
Was bei dem andern befindlich
Wohl zwischen Seel und Hemd!

Die Lotosblume erschließet
Ihr Kelchlein im Mondenlicht;
Doch statt des befruchtenden Lebens
Empfängt sie nur ein Gedicht!

nacht
englanze

e.

Knauf
e Säule

d Sphinx,

ier

se.

ienen –

Karyatiden mit gerecktem Hals
Scheinen mühsam das Monument zu halten;
An beiden Seiten sah man ebenfalls
Viel bas-relief gemeißelte Gestalten.

Hier sah man des Olympos Herrlichkeit
Mit seinen liederlichen Heidengöttern;
Adam und Eva stehn dabei, sind beid
Versehn mit keuschem Schurz von Feigenblättern.

Hier sah man Trojas Untergang und Brand
Paris und Helena, auch Hektor sah man,
Moses und Aaron gleich daneben stand,
Auch Judith, Holofern und Haman.

Desgleichen war zu sehn der Gott Amour,
Phöbus Apoll, Vulkanus und Frau Venus,
Pluto und Proserpine und Merkur,
Gott Bacchus mit Priapus und Silenus.

Daneben stand der Esel Barlaams,
(Der Esel war zum Sprechen gut getroffen)
Dort sah man auch die Prüfung Abrahams
Und Lot, der mit den Töchtern sich besoffen.

Hier war zu schaun der Tanz Herodias'
Das Haupt des Täufers trägt man auf der Schüssel;
Die Hölle sah man hier und Satanas,
Und Petrus mit dem großen Himmelsschlüssel.

Abwechselnd wieder sah man hier skulptiert
Des geilen Jovis Brunst und Freveltaten,
Wie er als Schwan die Leda hat verführt,
Die Danaë als Regen von Dukaten.

Hier war zu sehn Dianas wilde Jagd,
Ihr folgen hochgeschürzte Nymphen, Doggen;
Hier sah man Herkules in Frauentracht
Die Spindel drehend, hielt im Arm den Rocken.

Daneben ist der Sinai zu sehn
Am Berg steht Israel mit seinen Ochsen;
Man schaut den Herrn als Kind im Tempel stehn,
Und disputieren mit den Orthodoxen.

Die Gegensätze sind hier grell gepaart:
Des Griechen Lustsinn und der Gottgedanke
Judäas! Und in Arabeskenart
Um beide schlingt das Efeu seine Ranke.

Doch wunderbar! derweilen solcherlei
Bildwerke träumend ich betrachtet habe
Wird plötzlich mir zu Sinn, ich selber sei
Der tote Mann im schönen Marmorgrabe.

Zu Häupten aber meiner Ruhestätt
Stand eine Blume rätselhaft gestaltet,
Die Blätter schwefelgelb und violett,
Doch wilder Liebreiz in der Blume waltet.

Das Volk nennt sie die Blume der Passion
Und sagt, sie sei dem Schädelberg entsprossen,
Als man gekreuzigt hat den Gottessohn,
Und dort sein welterlösend Blut geflossen.

Blutzeugnis, heißt es, gebe diese Blum,
Und alle Marterinstrumente welche
Dem Henker dienten bei dem Martyrtum
Trage sie konterfeit in ihrem Kelche.

Ja, alle Requisiten der Passion
Sähe man hier, die ganze Folterkammer,
Zum Beispiel, Geißel, Stricke, Dornenkron,
Das Kreuz, den Kelch, Nägel und Hammer.

Solch eine Blum an meinem Grabe stand,
Sich über meinen Leichnam niederbeugend
Wie Frauentrauer, küßt sie mir die Hand,
Küßt Stirne mir und Augen trostlos schweigend.

Doch, Zauberei des Traumes! Seltsamlich
Die Blume der Passion, die schwefelgelbe
Verwandelt in ein Frauenbildnis sich –
Und das ist Sie, die Liebste, ja dieselbe.

Du warst die Blume, du, geliebtes Kind
An deinen Küssen mußt ich dich erkennen –
So zärtlich keine Blumenlippen sind,
So feurig keine Blumentränen brennen!

Geschlossen war mein Aug, doch angeblickt
Hat meine Seel beständig dein Gesichte;
Du sahst mich an, beseligt und verzückt
Und geisterhaft beglänzt vom Mondenlichte.

Wir sprachen nicht. Jedoch mein Herz vernahm
Was du verschwiegen dachtest im Gemüte –
Das ausgesprochne Wort ist ohne Scham,
Das Schweigen ist der Liebe keusche Blüte.

Und wie beredsam dieses Schweigen ist!
Man sagt sich alles ohne Metaphoren,
Ganz ohne Feigenblatt, ganz ohne List
Des Silbenfalls, des Wohllauts der Rhetoren.

Lautloses Zwiegespräch! man glaubt es kaum,
Wie bei dem stummen zärtlichen Geplauder,
So schnell die Zeit verstreicht im schönen Traum
Der Sommernacht, gewebt aus Lust und Schauder!

Was wir gesprochen? frag es niemals, ach!
Den Glühwurm frag was er den Gräsern glimmert?
Die Welle frage was sie rauscht im Bach?
Frage den Westwind was er weht und wimmert?

Frag was er strahlet der Karfunkelstein?
Frag was sie düfteln, Nachtviol und Rosen?
Doch frage nie wovon im Mondenschein
Die Marterblume und ihr Toter kosen!

Ich weiß es nicht wie lange ich genoß
In meiner schlummerkühlen Marmortruhe
Den schönen Friedenstraum – Ach, es zerfloß
Die Wonne meiner ungestörten Ruhe!

O Tod! mit deiner Grabesstille, du,
Nur du kannst uns die beste Wollust geben –
Den Krampf der Leidenschaft, Lust ohne Ruh
Gibt uns für Glück das albern blöde Leben!

Doch wehe mir! Es schwand die Seligkeit,
Als draußen plötzlich sich ein Lärm erhoben,
Es war ein scheltend, stampfend wüster Streit –
Ach! meine Blum verscheuchte dieses Toben!

Ja draußen sich erhob mit wildem Grimm
Ein Zanken, ein Gekeife, ein Gekläffe!
Ich glaubte zu erkennen manche Stimm –
Es waren meines Grabmals Bas-Reliefe.

Spukt in dem Stein der alte Glaubenswahn?
Und disputieren diese Marmorschemen?
Der Schreckensruf des grimmen Waldgotts Pan
Wetteifert wild mit Mosis Anathemen.

O dieser Streit wird endgen nimmermehr,
Stets wird die Wahrheit hadern mit dem Schönen,
Stets wird geschieden sein der Menschheit Heer
In zwei Partein, Barbaren und Hellenen.

Das fluchte, schimpfte! gar kein Ende nahms
Mit dieser Kontroverse, der langweilgen!
Da war zumal der Esel Balaams,
Der überschrie die Götter und die Heilgen.

Mit diesem I-A! IA! dem Gewiehr
Dem rülpsend ekelhaften Mißlaut brachte
Mich zur Verzweiflung fast das dumme Tier –
Ich selbst zuletzt schrie auf – und ich erwachte.

MORPHINE

Groß ist die Ähnlichkeit der beiden schönen
Jünglingsgestalten, ob der eine gleich
Viel blässer als der andre, auch viel strenger,
Fast möcht ich sagen viel vornehmer aussieht
Als jener andre, welcher mich vertraulich
In seine Arme schloß – Wie lieblich sanft
War dann sein Lächeln und sein Blick wie selig!
Dann mocht es wohl geschehn, daß seines Hauptes
Mohnblumenkranz auch meine Stirn berührte
Und seltsam duftend allen Schmerz verscheuchte
Aus meiner Seel – doch solche Linderung
Sie dauert kurze Zeit; genesen gänzlich
Kann ich nur dann, wenn seine Fackel senkt
Der andre Bruder, der so ernst und bleich. –
Gut ist der Schlaf, der Tod ist besser – freilich
Das beste wäre, nie geboren sein.

Ich will mich im grünen Wald ergehn,
Wo Blumen sprießen und Vögel singen;
Denn wenn ich im Grabe einst liegen werde
Ist Aug und Ohr bedeckt mit Erde,
Die Blumen kann ich nicht sprießen sehn,
Und Vögelgesänge hör ich nicht klingen.

Wo wird einst des Wandermüden
Letzte Ruhestätte sein?
Unter Palmen in dem Süden?
Unter Linden an dem Rhein?

Werd ich wo in einer Wüste
Eingescharrt von fremder Hand?
Oder ruh ich an der Küste
Eines Meeres in dem Sand.

Immerhin mich wird umgeben
Gotteshimmel, dort wie hier,
Und als Totenlampen schweben
Nachts die Sterne über mir.

GEDÄCHTNISFEIER

Keine Messe wird man singen,
Keinen Kadosch wird man sagen,
Nichts gesagt und nichts gesungen
Wird an meinen Sterbetagen.

Doch vielleicht an solchem Tage,
Wenn das Wetter schön und milde,
Geht spazieren auf Montmartre
Mit Paulinen Frau Mathilde.

Mit dem Kranz von Immortellen
Kommt sie mir das Grab zu schmücken,
Und sie seufzet: *Pauvre homme!*
Feuchte Wehmut in den Blicken.

Leider wohn ich viel zu hoch,
Und ich habe meiner Süßen
Keinen Stuhl hier anzubieten;
Ach! sie schwankt mit müden Füßen.

Süßes, dickes Kind, du darfst
Nicht zu Fuß nach Hause gehen;
An dem Barrieregitter
Siehst du die Fiaker stehen.

Mit Rosen, Zypressen und Flittergold
Möcht ich verzieren, lieblich und hold,
Dies Buch wie einen Totenschrein,
Und sargen meine Lieder hinein.

Hier sind nun die Lieder, die einst so wild,
Wie ein Lavastrom, der dem Ätna entquillt,
Hervorgestürzt aus dem tiefsten Gemüt,
Und rings viel blitzende Funken versprüht!

Nun liegen sie stumm und Toten gleich,
Nun starren sie kalt und nebelbleich.
Doch aufs neu die alte Glut sie belebt,
Wenn der Liebe Geist einst über sie schwebt.

Und es wird mir im Herzen viel Ahnung laut:
Der Liebe Geist einst über sie taut;
Einst kommt dies Buch in deine Hand,
Du süßes Lieb im fernen Land.

Dann löst sich des Liedes Zauberbann,
Die blassen Buchstaben schaun dich an,
Sie schauen dir flehend ins schöne Aug,
Und flüstern mit Wehmut und Liebeshauch.

Aufblühn, Staubwerden,
Sieh, da! das große Gesetz der Natur
Rosenpracht, Mädchenschönheit,
Jünglingstärke, was ist ihr Los?
Aufblühn, Staubwerden.

LASS BLUMEN SPRECHEN!

Heines floristische Gedichte

Vom delikaten Gemüsespargel und der nahrhaften Sellerie über Distel, Gänseblümchen, Jasmin und Lotos bis zu Fichte, Linde und Palme: In rund einhundert Gedichten hat Heinrich Heine über drei Dutzend Vertreter des Pflanzenreichs namhaft gemacht. Nicht zu vergessen die mystisch-mysteriöse Blaue Blume der Romantiker, hinter der die Gelehrtenwelt, unter Berufung auf Novalis' Roman »Heinrich von Ofterdingen« (1802), den Blauen Heliotrop vermutet hat. Heine brachte (in einem »Citronia« betitelten Gedicht) derbere Deutungen ins Spiel: »Was war jene Blume, welche/Weiland mit dem blauen Kelche/So romantisch süß geblüht/In des Ofterdingen Lied?/Wars vielleicht die blaue Nase/Seiner mitschwindsüchtgen Base,/Die im Adelsstifte starb?« Oder, so eine weitere Mutmaßung, »Mag vielleicht von blauer Farb/Ein Strumpfband gewesen sein,/Das beim Hofball fiel vom Bein/Einer Dame…«. Woraus bereits zu ersehen ist, dass es ihm nicht um die Blume an sich ging, sondern um das dadurch Bezeichnete, und mochte es auf einen noch so banalen, vielleicht gar unschicklichen Anlass verweisen.

Heine war kein naiver Naturpoet, der sich an sinnlicher Blütenpracht und schönheit berauscht und seine Gefühle in Verse bringt. Seine Wälder und Fluren sind sorgsam inszenierte Phantasiegebilde. Erinnerungen an tatsächlich existierende Gärten und Parks finden ihren Niederschlag vor allem in Heines Prosa; als Ort menschlicher Muße oder gärtnerischer Betätigung erscheinen sie aber auch dort so gut wie nie. Die Natur – von der Erde samt ihren Ozeanen bis hinauf zum Sternenhimmel – war ihm ein Spiegel, in dem er nach Ausdrucksmöglichkeiten für seine Empfindungen suchte, gleich ob als Parallele oder als Kontrast. Sie erscheint daher oftmals menschenbeseelt, wie im Märchen, im Volkslied oder in der romantischen Dichtung: Bäume und Blumen lieben, eifersüchteln und schmollen, halten Zwiesprache mit den Menschen und geraten in dramatische oder komische Situationen; kurz, es geht zu wie bei Ludwig Tieck, wo, wie Heine in seinem großen Essay über »Die romantische Schule« konstatiert hat, »eine geheimnisvolle Innigkeit, ein sonderbares Einverständnis mit der Natur« herrscht: »Der Leser fühlt sich da wie in einem verzauberten Walde; er hört die unterirdischen Quellen melodisch rauschen; er glaubt manchmal im Geflüster der Bäume seinen eigenen Namen zu vernehmen; die breitblättrigen Schlingpflanzen umstricken manchmal beängstigend seinen Fuß; wildfremde Wunderblumen schauen ihn an mit ihren bunten sehnsüchtigen Augen; unsichtbare Lippen küssen seine Wangen mit neckender Zärtlichkeit; hohe Pilze wie goldne Glocken wachsen klingend empor am Fuße der Bäume; große schweigende Vögel wiegen sich auf den Zweigen und nicken herab mit ihren klugen, langen Schnäbeln; alles atmet, alles lauscht, alles ist schauernd erwartungsvoll.«

Auf wahrhaftige Wiedergabe eines Naturerlebnisses war Heine nicht aus; dergleichen bildet nur die dünne Oberfläche des eigentlichen Themas: die zwischenmenschlichen Beziehungen und die damit verbundenen Gefühle und Erinnerungen. Besonders häufig ist es die verfehlte, hoffnungslose, unmögliche Liebe, die ihn beschäftigt, die Erfahrung von Verlust und die Vorahnung neuen Leids. Zwar kannte Heine offensichtlich eine Reihe von Pflanzen, denen bestimmte Eigenschaften zugesprochen werden (Rosen als Erkennungszeichen für Liebende, weiße Lilien als Sinnbild der Keuschheit, Myrten als Brautschmuck, Sellerie und Spargel als Aphrodisiaka, die Eiche als Symbol des Deutschtums), doch lässt er dieses Wissen selten einfließen. Rose,

Veilchen, Lilie und so weiter stehen daher kaum einmal für sich selbst, sondern sind Metaphern, die Liebe und Leidenschaft, Ängstlichkeit und Ärger, Verführung und Vergänglichkeit, Täuschung und Trauer, Genuss und Groll signalisieren. Die Unmittelbarkeit, Intensität und Prägnanz, mit der der Dichter seinen Gefühlen Ausdruck gab, beeindruckt bis heute, wobei die tückische Ironie auch in einigen seiner scheinbar konventionellen Liebesgedichte häufig übersehen wird.

Die für diese Anthologie ausgewählten Gedichte sind im Zeitraum von vier Jahrzehnten entstanden, von 1816 bis in Heines letzte Lebensmonate hinein. Alle vier großen Lyriksammlungen sind vertreten, vom »Buch der Lieder« (1827) über »Neue Gedichte« (1844) und »Romanzero« (1851) bis zu »Gedichte. 1853 und 1854«. Hinzu kommen zwei frühe, nur in Zeitschriften gedruckte Gedichte, die Heine für die erste Buchausgabe seiner Lyrik nicht berücksichtigt hat (»Minneklage«, »Du Lilie meiner Liebe«), sowie zwölf Gedichte, die zu Lebzeiten nicht veröffentlicht wurden: »Wir wollen jetzt Frieden machen«, »Ich wollte meine Lieder«, »Ich will mich im grünen Wald ergehn«, »Der weite Boden ist überzogen«, »Jegliche Gestalt bekleidend«, »Aufblühn, Staubwerden«, »Was bedeuten gelbe Rosen?«, »Morphine«, »Die Liebe begann im Monat März«, »Den Strauß, den mir Mathilde band«, »Wahrhaftig wir beide bilden«, »Es träumte mir von einer Sommernacht«. Sämtliche Texte wurden der von Manfred Windfuhr edierten historisch-kritischen Gesamtausgabe der Werke Heinrich Heines (16 Bände, Hamburg: Hoffmann und Campe Verlag 1973–1996) entnommen, die Orthographie unter Wahrung des Lautstandes der heutigen Rechtschreibung angenähert.

Düsseldorf, im wunderschönen Monat Mai 2013
Jan-Christoph Hauschild

Heinrich Heine, geboren am 13. Dezember 1797 (Datum unsicher) in Düsseldorf, gestorben am 17. Februar 1856 in Paris. Schulzeit und kaufmännische Ausbildung in Düsseldorf, Frankfurt und Hamburg; anschließend Jurastudium in Bonn, Berlin und Göttingen. 1825 Promotion zum Dr. jur., 1831 Übersiedlung nach Paris. Seit 1841 verheiratet mit Augustine (genannt Mathilde) Mirat. Wichtige Publikationen: »Buch der Lieder« (1827), »Reisebilder« (4 Bde., 1826–1831), »Der Salon« (4 Bde., 1833–1840), »Ludwig Börne. Eine Denkschrift« (1840), »Neue Gedichte«, »Deutschland. Ein Wintermärchen« (1844), »Atta Troll. Ein Sommernachtstraum« (1847), »Romanzero« (1851), »Vermischte Schriften« (3 Bde., 1854), »Memoiren« (postum 1884).

Jan-Christoph Hauschild, geboren 1955 in Leinsweiler (Rheinland-Pfalz). Studium der Germanistik und Geschichte, 1984 Promotion, 1980–1986 Redakteur der historisch-kritischen Heine-Ausgabe, 1986–1992 Lehrbeauftragter am Germanistischen Seminar der Heinrich-Heine-Universität Düsseldorf. Wissenschaftlicher Mitarbeiter am Heinrich-Heine-Institut der Landeshauptstadt Düsseldorf und freier Autor. Im Verlag Hoffmann und Campe sind u. a. von ihm erschienen: »Das Heine Liederbuch. Noten – Texte – Kommentare« (hrsg. zusammen mit Babette Dorn), 2005; »Georg Büchner. Verschwörung für die Gleichheit«, 2013.

VERZEICHNIS DER GEDICHTÜBERSCHRIFTEN UND -ANFÄNGE

Die Abbildung auf S. 5 wurde dem Band
»Das kleine Schmetterlingsbuch«,
Insel Verlag Leipzig entnommen.
Alle übrigen Abbildungen stammen aus:
»Naturgeschichte des Pflanzenreichs«,
Schreiber Verlag, Esslingen 1882.

Sofern hier nicht aufgelistet, stammen die Bilder von der Autorin. Folgende Bilder mit freundlicher Genehmigung von:

S.22 Hofgut Hohenkarpfen, S. 25 Tuttlinger Hallen, S. 32 Hirsch-Brauerei Wurmlingen, S. 34 Landgasthof Lippachmühle, S. 42 Donaubergland GmbH, S. 70 dpa, S. 78 Hohenzollerische Ballonfahrer, S. 80 Skydersportpromotion, S. 92 Stadthalle Balingen, S. 98 Burgverwaltung Hohenzollern, S. 110 Mythos Alb, S. 124 Mythos Alb , S. 142 Tress Gastronomie, S. 142 Tress Gastronomie, S. 180 Brotmuseum Ulm

Autorin und Verlag haben alle Informationen mit größtmöglicher Sorgfalt geprüft. Gleichwohl sind Fehler nicht vollständig auszuschließen. Alle Angaben erfolgen ohne Gewähr.
Bitte schreiben Sie uns! Über Ihre Rückmeldung zum Buch und über Verbesserungsvorschläge freuen sich Autor und Verlag.

lieblingsplaetze@gmeiner-verlag.de